xue xiao - okul	2
lü xing - seyahat	5
jiao tong yun shu - ulaşım	8
cheng shi - şehir	10
di xing - arazi	14
can guan - restoran	17
chao shi - süpermarket	20
yin liao - içecekler	22
shi wu - yemek	23
nong chang - çiftlik	27
fang zi - ev	31
ke ting - oturma odası	33
chu fang - mutfak	35
yu shi - banyo	38
er tong fang - çocuk odası	42
yi fu - kıyafet	44
ban gong shi - ofis	49
jing ji - ekonomi	51
zhi ye - meslekler	53
gong ju - aletler	56
yue qi - müzik enstrümanı	57
dong wu yuan - hayvanat bahçesi	59
ti yu - sporlar	62
huo dong - etkinlikler	63
jia - aile	67
shen ti - vücut	68
yi yuan - hastane	72
jin ji qing kuang - acil	76
di qiu - dünya	77
zhong biao - saat	79
zhou - hafta	80
nian - yıl	81
xing zhuang - şekiller	83
yan se - renkler	84
fan yi ci - zıt anlamlılar	85
shu zi - sayılar	88
yu yan - diller	90
shei / shen me / zen yang - kim / ne / nasıl	91
fang wei - nerede	92

Impressum
Verlag: BABADADA GmbH, Nedderfeld 112 , 22529 Hamburg
Geschäftsführer / Verlagsleitung: Harald Hof
Druck: Books on Demand GmbH, In de Tarpen 42, 22848 Norderstedt

Imprint
Publisher: BABADADA GmbH, Nedderfeld 112 , 22529 Hamburg, Germany
Managing Director / Publishing direction: Harald Hof
Print: Books on Demand GmbH, In de Tarpen 42, 22848 Norderstedt

xue xiao

okul

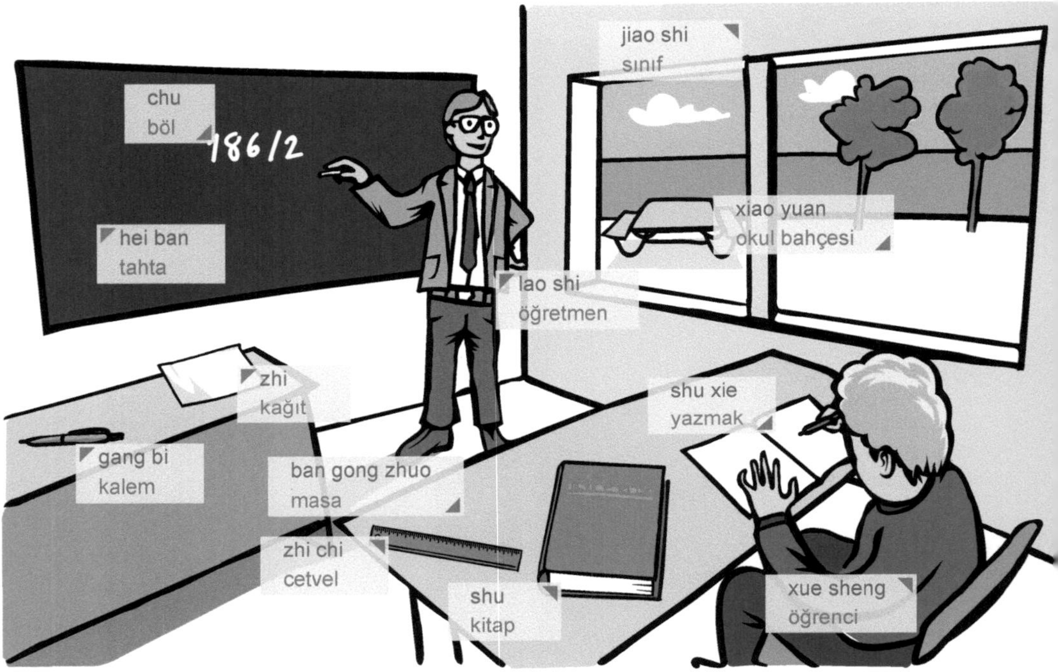

jiao shi
sınıf
chu
böl
186/2
hei ban
tahta
xiao yuan
okul bahçesi
lao shi
öğretmen
zhi
kağıt
shu xie
yazmak
gang bi
kalem
ban gong zhuo
masa
zhi chi
cetvel
shu
kitap
xue sheng
öğrenci

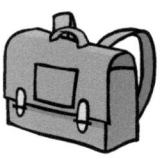

shu bao

okul çantası

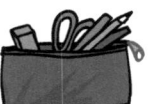

qian bi he

kalemlik

qian bi

kurşun kalem

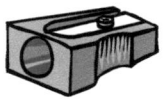

juan bi dao

kalem açacağı

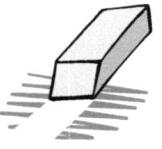

xiang pi ca

silgi

hua ban

çizim defteri

tu hua

çizim

hua bi

resim fırçası

yan liao he

boya kutusu

jian dao

makas

jiao shui

tutkal

lian xi ce

alıştırma kitabı

jia ting zuo ye

ödev

shu zi

sayı

jia

ekle

jian

çıkar

cheng

çarp

ji suan

hesapla

zi mu

harf

zi mu biao

alfabe

zi

kelime

ke wen

metin

du

okumak

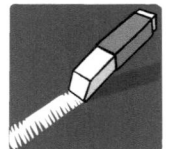

fen bi

tebeşir

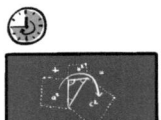

shang ke

ders

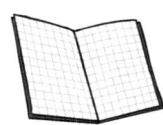

deng ji

kayıt

kao shi

sınav

zheng shu

sertifika

xiao fu

okul forması

jiao yu

eğitim

bai ke quan shu

ansiklopedi

da xue

üniversite

xian wei jing

mikroskop

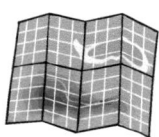

di tu

harita

fei zhi kuang

kağıt çöp kutusu

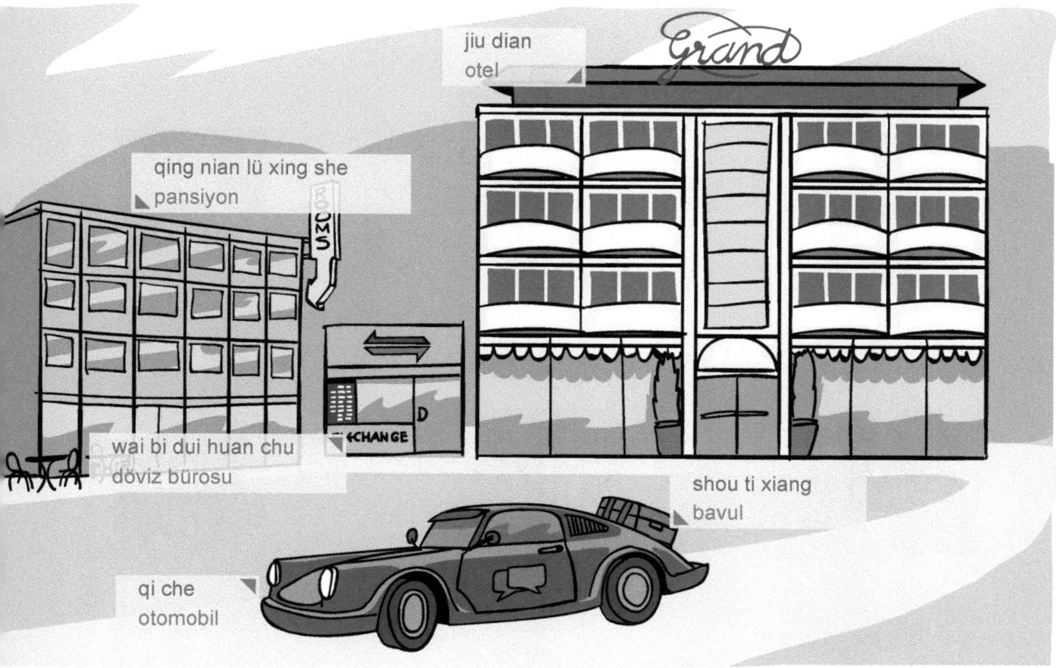

jiu dian
otel
Grand
qing nian lü xing she
pansiyon
ROOMS
wai bi dui huan chu
döviz bürosu
EXCHANGE
shou ti xiang
bavul
qi che
otomobil

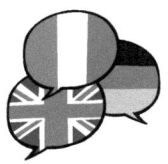

yu yan

dil

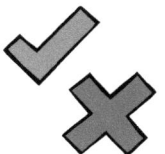

shi/fou

evet / hayır

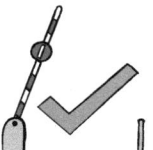

hao de

Tamam

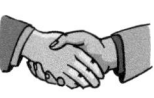

nin hao

merhaba

fan yi yuan

çevirmen

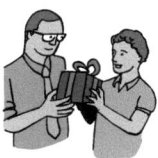

xie xie

Teşekkür ederim

......duo shao qian?

bu ... ne kadar?

wo bu ming bai

anlamadım

wen ti

problem

wan shang hao!

İyi akşamlar!

zao shang hao!

Günaydın!

wan an!

İyi geceler!

zai jian

güle güle

fang xiang

yön

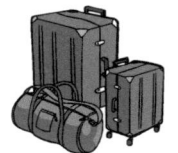

xing li

bagaj

bao

çanta

shuang jian bao

sırt çantası

ke ren

misafir

fang jian

oda

shui dai

uyku tulumu

zhang peng

çadır

lü you xin xi

turist danışma

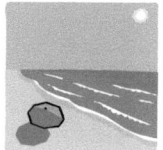

hai tan

sahil

xin yong ka

kredi kartı

zao can

kahvaltı

wu can

öğle yemeği

wan can

akşam yemeği

piao

Bilet

dian ti

asansör

you piao

pul

bian jie

sınır

hai guan

gümrük

da shi guan

elçilik

qian zheng

vize

hu zhao

pasaport

jiao tong yun shu

ulaşım

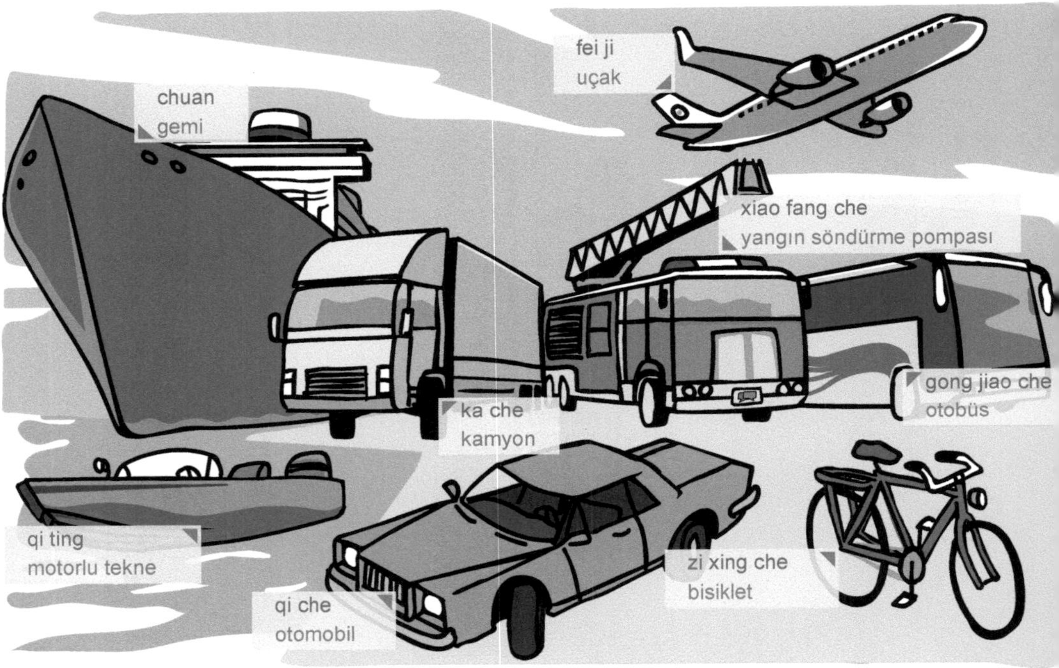
fei ji
uçak
chuan
gemi
xiao fang che
yangın söndürme pompası
gong jiao che
otobüs
ka che
kamyon
qi ting
motorlu tekne
zi xing che
bisiklet
qi che
otomobil

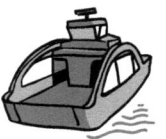

bai du chuan

feribot

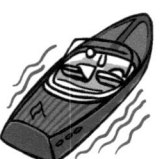

xiao chuan

bot

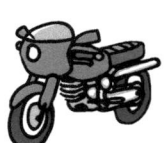

mo tuo che

motosiklet

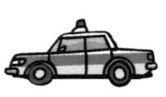

jing che

polis arabası

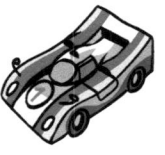

sai che

yarış arabası

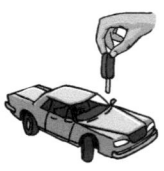

zu che

kiralık araba

pin che

ortak araba

tuo che

çekici

la ji che

çöp kamyonu

fa dong ji

motor

qi you

yakıt

jia you zhan

benzinlik

jiao tong biao zhi

trafik işareti

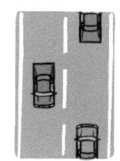

jiao tong

trafik

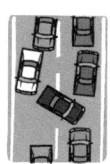

jiao tong du sai

trafik sıkışıklığı

ting che chang

otopark

huo che zhan

tren istasyonu

gui dao

ray

huo che

tren

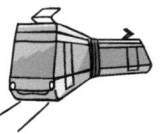

dian che

tramvay

huo che

vagon

zhi sheng ji

helikopter

ji chang

havaalanı

ta

kule

cheng ke

yolcu

ji zhuang xiang

konteyner

zhi ban xiang

koli

shou tui che

yük arabası

lan zi

sepet

qi fei/jiang luo

kalkış / iniş

cheng shi
şehir

cun zhuang

köy

shi zhong xin

şehir merkezi

fang zi

ev

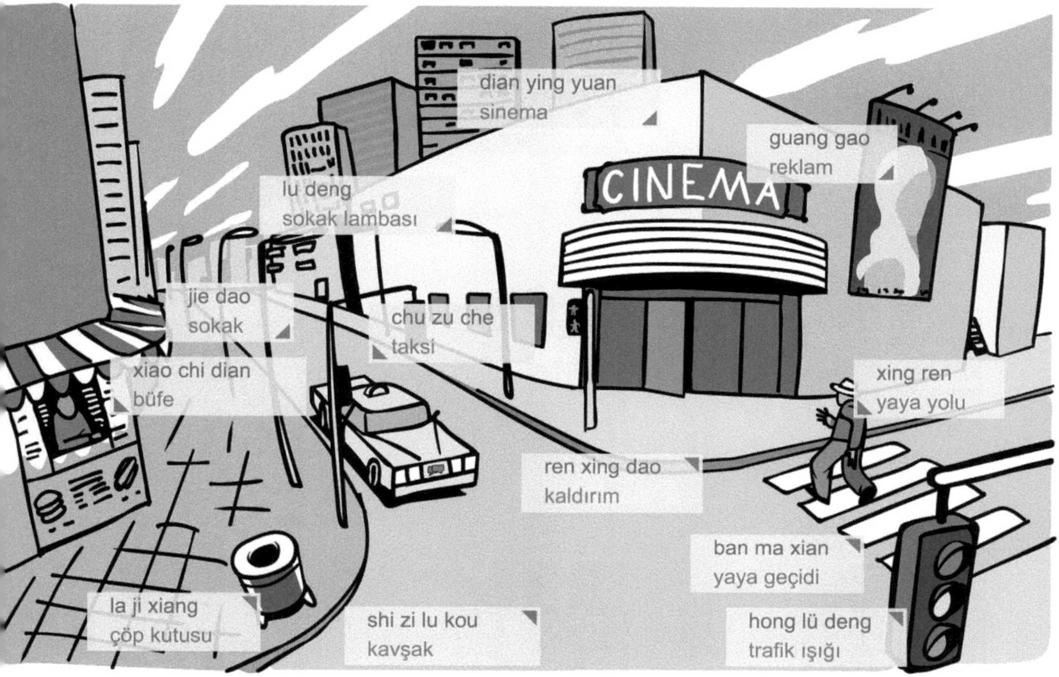
dian ying yuan
sinema
CINEMA
guang gao
reklam
lu deng
sokak lambası
jie dao
sokak
chu zu che
taksi
xiao chi dian
büfe
xing ren
yaya yolu
ren xing dao
kaldırım
ban ma xian
yaya geçidi
la ji xiang
çöp kutusu
shi zi lu kou
kavşak
hong lü deng
trafik ışığı

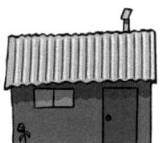

xiao wu

kulübe

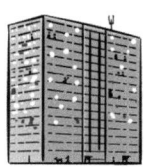

gong yu

apartman dairesi

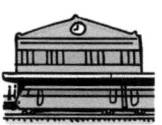

huo che zhan

tren istasyonu

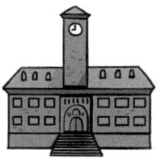

shi zheng ting

belediye binası

MUSEUM

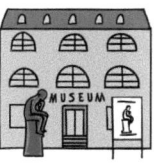

bo wu guan

müze

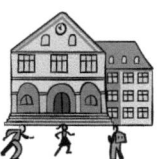

xue xiao

okul

da xue

üniversite

yin hang

banka

yi yuan

hastane

jiu dian

otel

yao fang

eczane

ban gong shi

ofis

shu dian

kitapçı

shang dian

mağaza

hua dian

çiçekçi

chao shi

süpermarket

shi chang

market

bai huo shang dian

büyük mağaza

yu dian

balık satıcısı

gou wu zhong xin

alışveriş merkezi

hai gang

liman

gong yuan

park

chang deng

bank

qiao

köprü

lou ti

merdiven

di tie

metro

sui dao

tünel

gong jiao che zhan

otobüs durağı

jiu ba

bar

can guan

restoran

you tong

posta kutusu

lu biao

sokak tabelası

ting che ji shi qi

otopark sayacı

dong wu yuan

hayvanat bahçesi

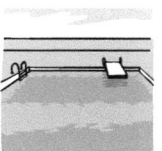

you yong guan

yüzme havuzu

qing zhen si

cami

nong chang
çiftlik

wu ran
kirlilik

mu di
mezarlık

jiao tang
kilise

cao chang
oyun alanı

si miao
tapınak

di xing
arazi

shu ye
yaprak

zhi shi pai
yön tabelası

lu
yol

cao di
çayır

shi tou
taş

shu
ağaç

tu bu lü xing zhe
yürüyüşçü

he
ırmak

cao
çimen

hua
çiçek

xia gu

vadi

shan

tepe

hu

göl

sen lin

orman

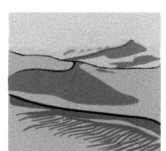

sha mo

çöl

huo shan

volkan

cheng bao

kale

cai hong

gökkuşağı

mo gu

mantar

zong lü shu

palmiye

wen zi

sivrisinek

cang ying

sinek

ma yi

karınca

mi feng

arı

zhi zhu

örümcek

di xing - arazi

jia chong

böcek

qing wa

kurbağa

song shu

sincap

ci wei

kirpi

ye tu

yabani tavşan

mao tou ying

baykuş

niao

kuş

tian e

kuğu

ye zhu

yaban domuzu

lu

geyik

mi lu

geyik

shui ba

baraj

feng li fa dian ji

rüzgar türbini

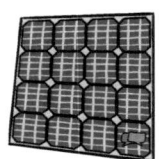

tai yang neng dian chi ban

güneş paneli

qi hou

iklim

can guan
restoran

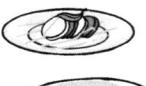

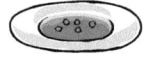

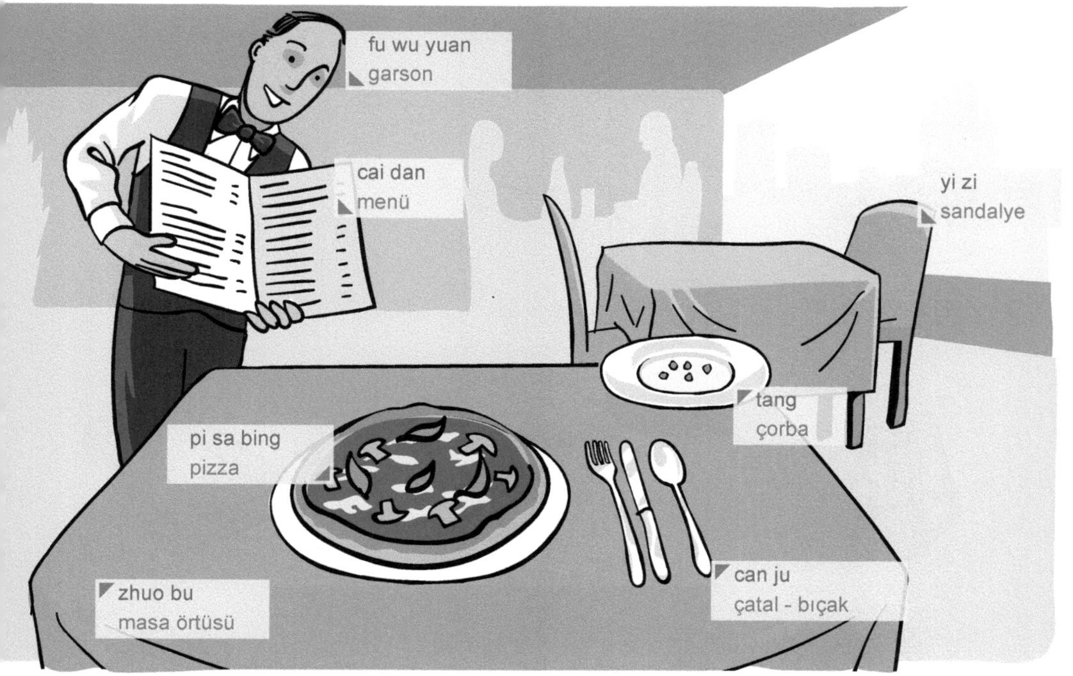

fu wu yuan
garson
cai dan
menü
yi zi
sandalye
tang
çorba
pi sa bing
pizza
zhuo bu
masa örtüsü
can ju
çatal - bıçak

qian cai
başlangıç

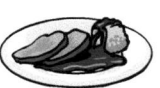

zhu cai
ana yemek

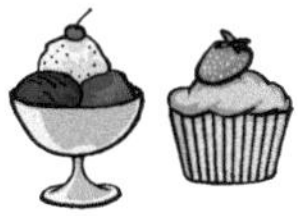

tian dian
tatlı

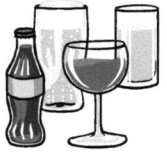

yin liao
içecekler

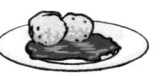

shi wu
yemek

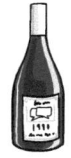

ping zi
şişe

kuai can

fastfood

jie bian xiao chi

sokak yemeği

cha hu

çaydanlık

tang he

şekerlik

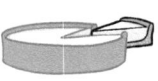

yi fen fan cai

porsiyon

yi shi ka fei ji

espresso makinesi

gao jiao yi

mama sandalyesi

zhang dan

fatura

tuo pan

tepsi

dao

bıçak

can cha

çatal

shao zi

kaşık

cha chi

çay kaşığı

can jin

servis peçetesi

bo li bei

bardak

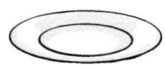

die zi

tabak

tang pan

çorba kasesi

die zi

fincan altlığı

jiang

sos

yan ping

tuzluk

hu jiao mo

karabiber değirmeni

cu

sirke

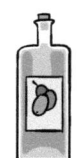

shi yong you

yağ

tiao wei liao

baharat

fan qie jiang

ketçap

jie mo

hardal

dan huang jiang

mayonez

te jia
özel teklif

gu ke
müşteri

ru zhi pin
süt ürünleri

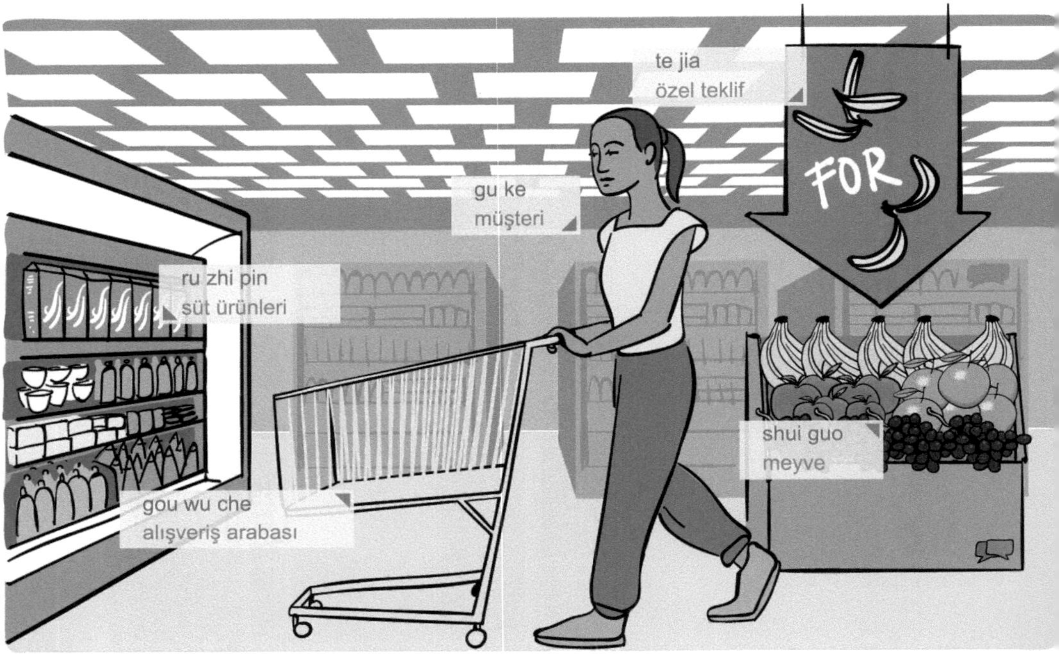

shui guo
meyve

gou wu che
alışveriş arabası

rou pu	mian bao fang	cheng zhong
kasap	fırın	tartmak
	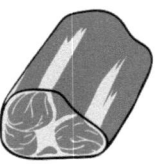	
shu cai	rou	leng dong shi pin
sebze	et	donmuş gıda

leng pan

söğüş et

guan tou shi pin

konserve yiyecek

xi yi fen

toz deterjan

tian shi

şekerlemeler

ri yong pin

ev temizlik ürünleri

qing jie yong pin

temizlik ürünleri

xiao shou yuan

satış görevlisi

shou yin ji

yazar kasa

shou yin yuan

kasiyer

gou wu qing dan

alışveriş listesi

kai fang shi jian

açılış saatleri

qian bao

cüzdan

xin yong ka

kredi kartı

dai zi

çanta

su liao dai

plastik poşet

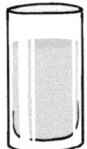

shui

su

guo zhi

meyve suyu

niu nai

süt

ke le

kola

hong jiu

şarap

pi jiu

bira

jiu

alkol

ke ke

kakao

cha

çay

ka fei

kahve

yi shi nong suo ka fei

espresso

ka bu qi nuo

kapuçino

xiang jiao

muz

ping guo

elma

cheng zi

portakal

xi gua

kavun

ning meng

limon

hu luo bo

havuç

da suan

sarımsak

zhu zi

bambu

yang cong

soğan

mo gu

mantar

jian guo

çerez

mian tiao

makarna

yi da li mian tiao

spagetti

mi fan

pirinç

sha la

salata

shu tiao

cips

zha tu dou

patates kızartması

pi sa bing

pizza

han bao bao

hamburger

san ming zhi

sandviç

zha zhu pai

şinitzel

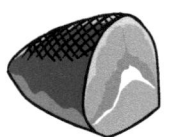

huo tui

pastırma

sa la mi

salam

xiang chang

sosis

ji rou

tavuk

kao rou

rosto

yu

balık

yan mai pian

yulaf ezmesi

mu zi li

müsli

yu mi pian

mısır gevreği

mian fen

un

yang jiao mian bao

kruvasan

mian bao juan

küçük ekmek

mian bao

ekmek

kao mian bao

tost

bing gan

bisküvi

huang you

tereyağı

ning ru

kaymak

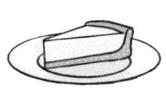

dan gao

kek

dan

yumurta

jian dan

sahanda yumurta

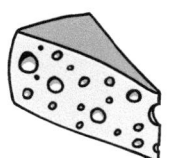

nai lao

peynir

bing ji lin

dondurma

tang

şeker

feng mi

bal

guo jiang

reçel

qiao ke li jiang

fındık ezmesi

ga li fan

köri

nong chang
çiftlik

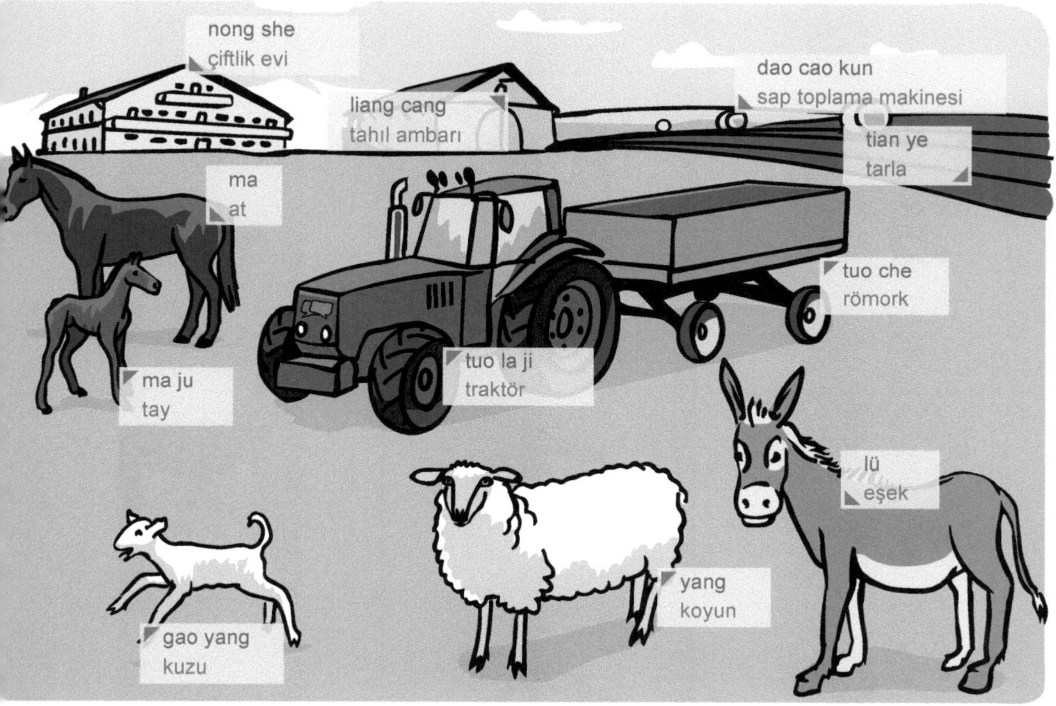

nong she
çiftlik evi
liang cang
tahıl ambarı
dao cao kun
sap toplama makinesi
tian ye
tarla
ma
at
tuo che
römork
tuo la ji
traktör
ma ju
tay
lü
eşek
yang
koyun
gao yang
kuzu

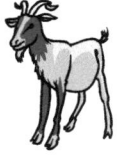

shan yang

keçi

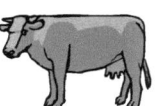

nai niu

inek

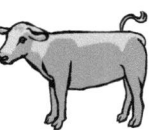

niu du

buzağı

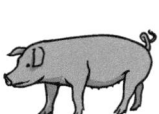

zhu

domuz

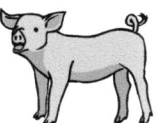

xiao zhu

domuz yavrusu

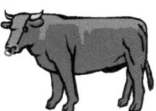

gong niu

boğa

e

kaz

ya

ördek

xiao ji

civciv

mu ji

tavuk

gong ji

horoz

shu

sıçan

mao

kedi

lao shu

fare

niu

öküz

gou

köpek

gou wu

köpek kulübesi

hua yuan jiao shui ruan guan

bahçe hortumu

sa shui hu

sulama kabı

chang bing da lian dao

tırpan

li

pulluk

nong chang - çiftlik

lian dao

orak

chu tou

çapa

chang bing cao pa

dirgen

fu tou

balta

du lun shou tui che

el arabası

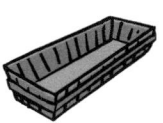

si liao cao

yemlik

niu nai guan

süt kovası

ma bu dai

çuval

zha lan

çit

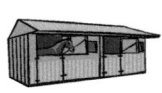

ma jiu

ahır

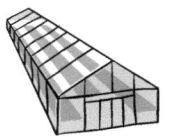

wen shi

sera

tu rang

toprak

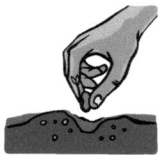

zhong zi

tohum

fei liao

gübre

lian he shou ge ji

biçerdöver

shou ge

hasat etmek

shou ge

harman

shan yao

tatlı patates

xiao mai

buğday

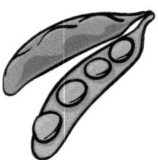

da dou

soya

tu dou

patates

yu mi

mısır

you cai zi

kolza

guo shu

meyve ağacı

shu shu

manyok

gu wu

hububat

fang zi

ev

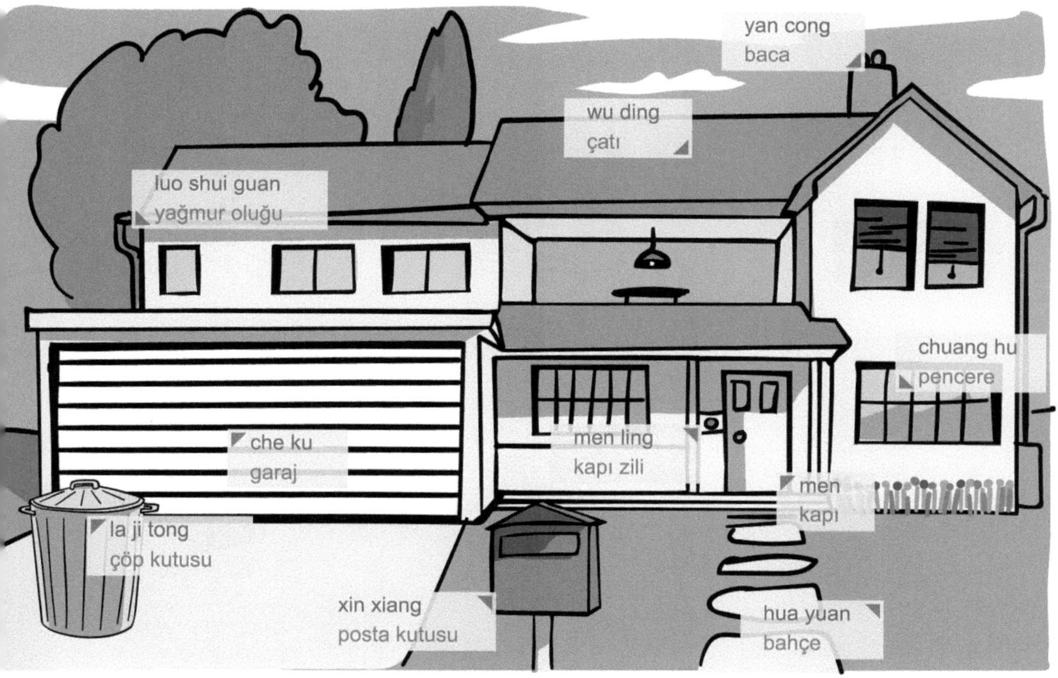

yan cong
baca
wu ding
çatı
luo shui guan
yağmur oluğu
chuang hu
pencere
che ku
garaj
men ling
kapı zili
men
kapı
la ji tong
çöp kutusu
xin xiang
posta kutusu
hua yuan
bahçe

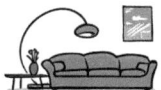

ke ting

oturma odası

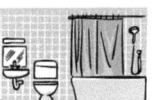

yu shi

banyo

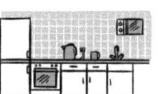

chu fang

mutfak

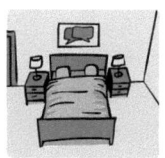

wo shi

yatak odası

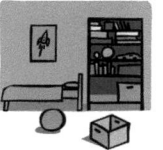

er tong fang

çocuk odası

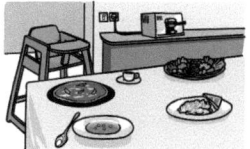

can ting

yemek odası

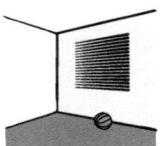

di ban

zemin

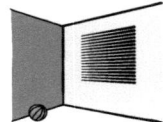

qiang bi

duvar

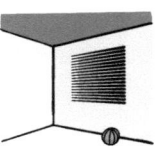

diao ding

tavan

di jiao

kiler

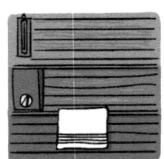

sang na

sauna

yang tai

balkon

lu tai

teras

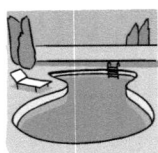

you yong chi

havuz

ge cao ji

çim biçme makinesi

bei dan

çarşaf

chuang zhao

yatak örtüsü

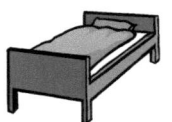

chuang

yatak

sao zhou

süpürge

shui tong

kova

kai guan

anahtar

ke ting
oturma odası

bi zhi
duvar kağıdı
zhao pian
resim
tai deng
lamba
ge jia
raf
chu gui
dolap
dian shi ji
televizyon
bi lu
şömine
hua
çiçek
dian zi
minder
sha fa
kanepe
hua ping
vazo
yao kong qi
uzaktan kumanda

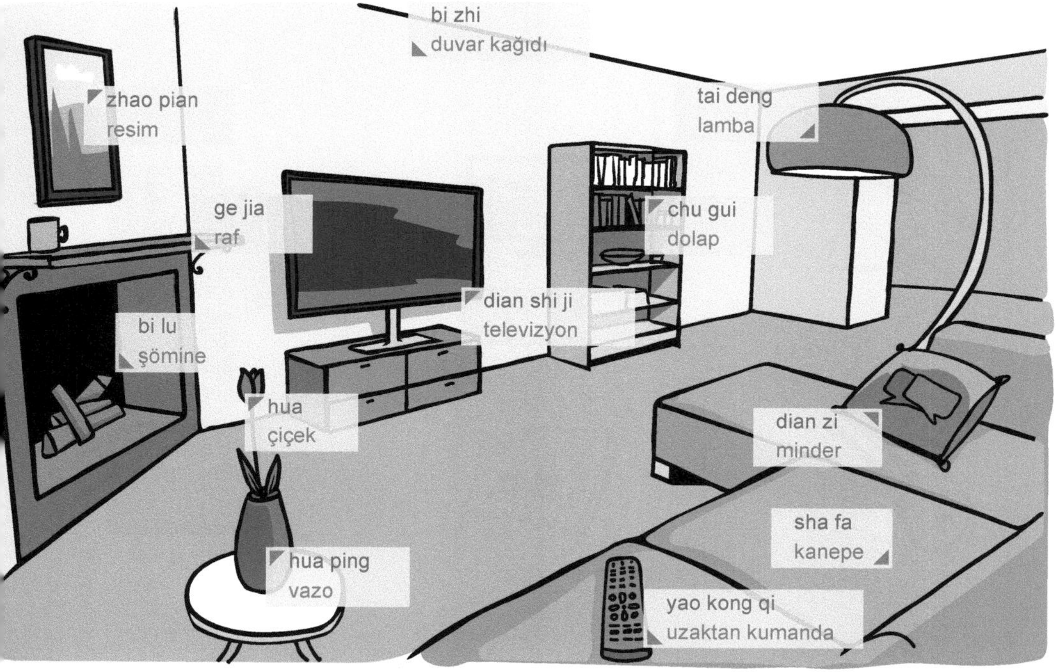

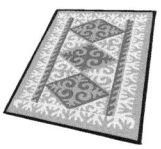

di tan

halı

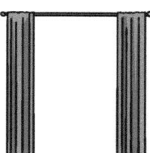

chuang lian

perde

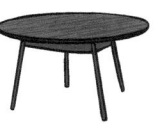

can zhuo

masa

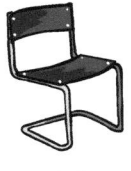

yi zi

sandalye

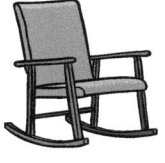

yao yi

salıncaklı koltuk

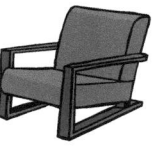

fu shou yi

koltuk

shu

kitap

tan zi

battaniye

zhuang shi pin

dekor

mu chai

odun

dian ying

film

gao bao zhen yin xiang

hi-fi

yao shi

anahtar

bao zhi

gazete

you hua

tablo

hai bao

poster

shou yin ji

radyo

bi ji ben

defter

xi chen qi

elektrikli süpürge

xian ren zhang

kaktüs

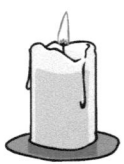

la zhu

mum

chu fang
mutfak

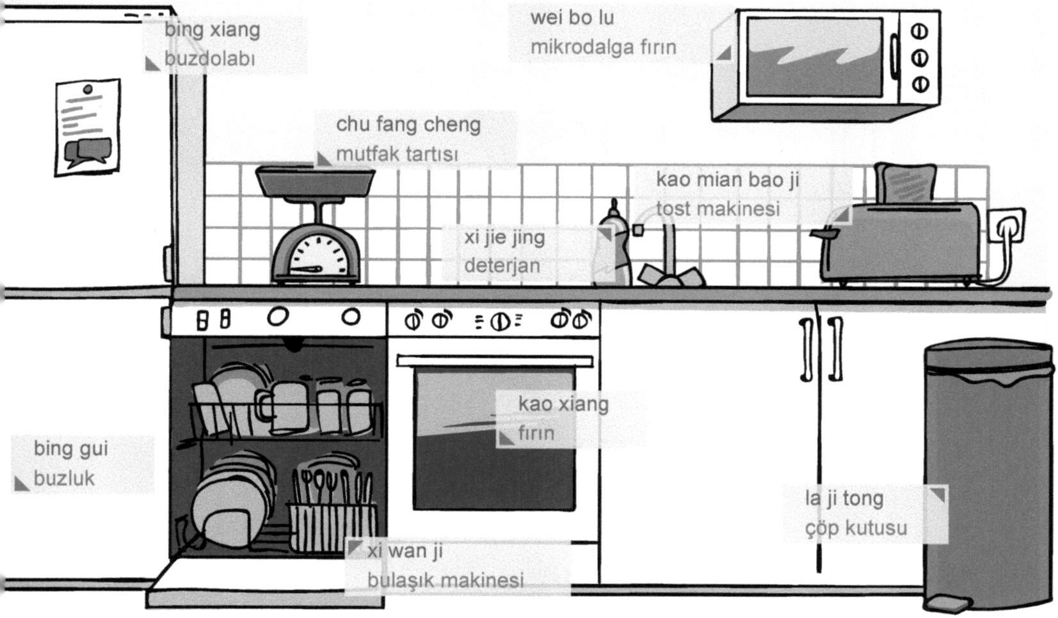
bing xiang
buzdolabı
wei bo lu
mikrodalga fırın
chu fang cheng
mutfak tartısı
kao mian bao ji
tost makinesi
xi jie jing
deterjan
kao xiang
fırın
bing gui
buzluk
la ji tong
çöp kutusu
xi wan ji
bulaşık makinesi

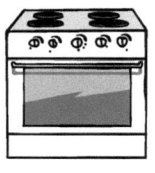

chui ju

ocak

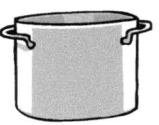

guo

tencere

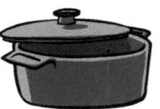

zhu tie guo

döküm tencere

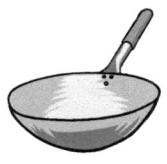

sha guo

wok

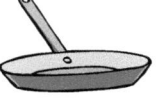

ping di guo

tava

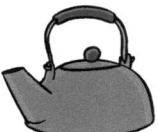

shui hu

su ısıtıcı

zheng guo

buharlı pişirici

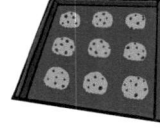

kao pan

pişirme tepsisi

tao ci guo

tabak takımı

ma ke bei

kupa

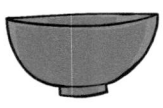

wan

kase

kuai zi

çubuk (çin yemeği)

chang bing shao

kepçe

chan zi

spatula

jiao ban qi

çırpma teli

lü wang

süzgeç

shai zi

elek

mo sui ji

rende

yan bo

havan

shao kao

barbekü

ming huo

açık ateş

cai ban

kesme tahtası

gan mian zhang

merdane

kai ping qi

tirbüşon

guan zi

konserve kutusu

kai ping qi

konserve açacağı

ge re shou tao

fırın eldiveni

shui cao

evye

shua zi

fırça

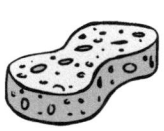

hai mian

sünger

jiao ban ji

blender

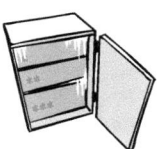

leng cang xiang

derin dondurucu

nai ping

biberon

shui long tou

musluk

yu shi

banyo

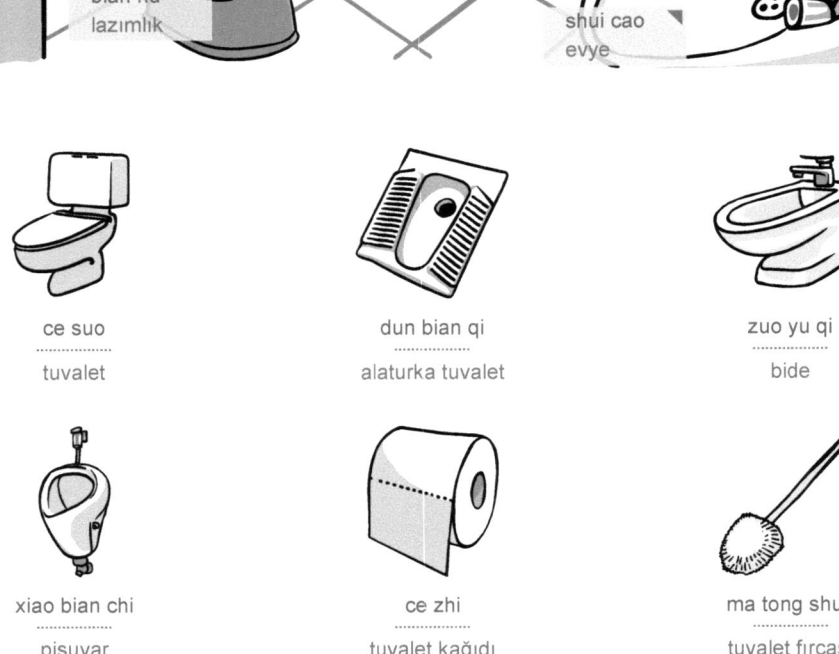

lin yu
duş
gong nuan she bei
ısıtma
mao jin
havlu
yu lian
duş perdesi
pao mo yu
köpük banyosu
yu gang
küvet
bo li bei
bardak
xi yi ji
çamaşır makinesi
shui long tou
musluk
ci zhuan
fayans
bian hu
lazımlık
shui cao
evye

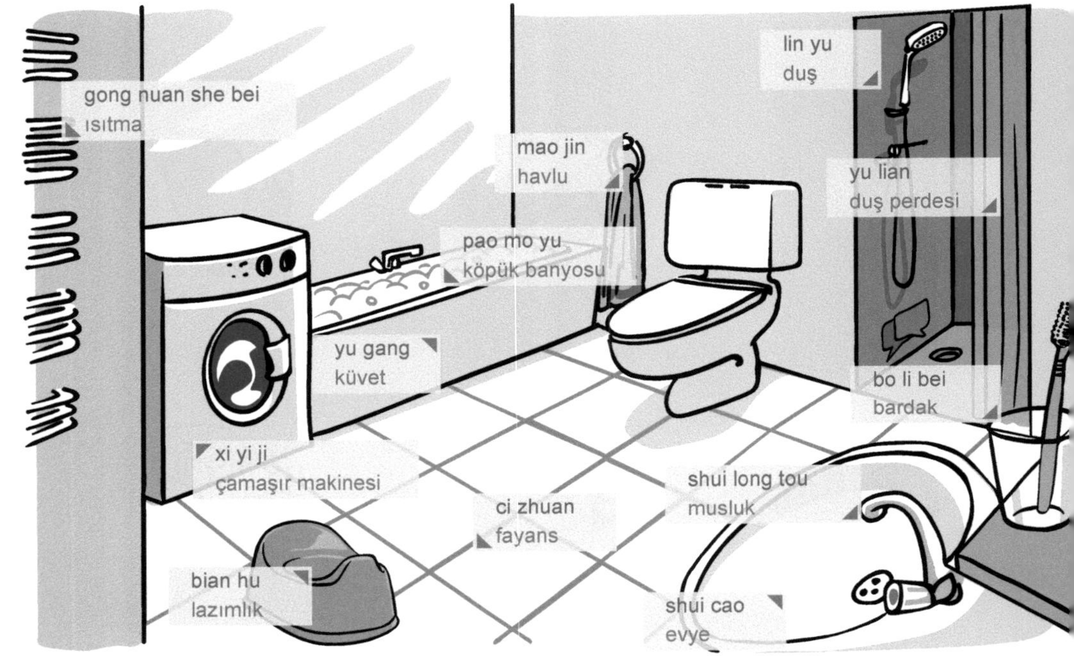

ce suo

tuvalet

dun bian qi

alaturka tuvalet

zuo yu qi

bide

xiao bian chi

pisuvar

ce zhi

tuvalet kağıdı

ma tong shua

tuvalet fırçası

ya shua

diş fırçası

ya gao

diş macunu

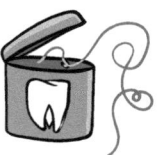

ya xian

diş ipi

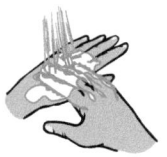

xi

yıkamak

shou chi shi pen lin tou

duş başlığı

chong xi qi

duş başlığı şeklinde taharet musluğu

xi lian pen

küvet

ca bei shua

banyo fırçası

fei zao

sabun

mu yu lu

duş jeli

xi fa shui

şampuan

fa lan rong

banyo lifi

pai shui

gider

ru shuang

krem

chu chou ji

deodorant

jing zi

ayna

shou jing

el aynası

ti xu dao

jilet

ti xu pao mo

tıraş köpüğü

xu hou shui

tıraş losyonu

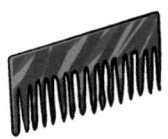

shu zi

tarak

shua zi

fırça

chui feng ji

saç kurutma makinesi

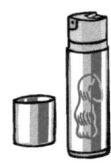

pen fa ding xing ji

saç spreyi

hua zhuang pin

makyaj

chun gao

ruj

zhi jia you

tırnak cilası

hua zhuang mian

pamuk

zhi jia jian

tırnak makası

xiang shui

parfüm

xi shu bao

makyaj çantası

deng zi

tabure

ji zhong cheng

tartı

yu pao

bornoz

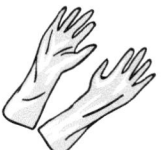

xiang jiao shou tao

lastik eldiven

wei sheng mian tiao

tampon

wei sheng jin

kadın pedi

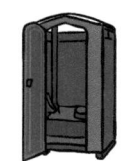

hua xue ce suo

kimyevi tuvalet

er tong fang
çocuk odası

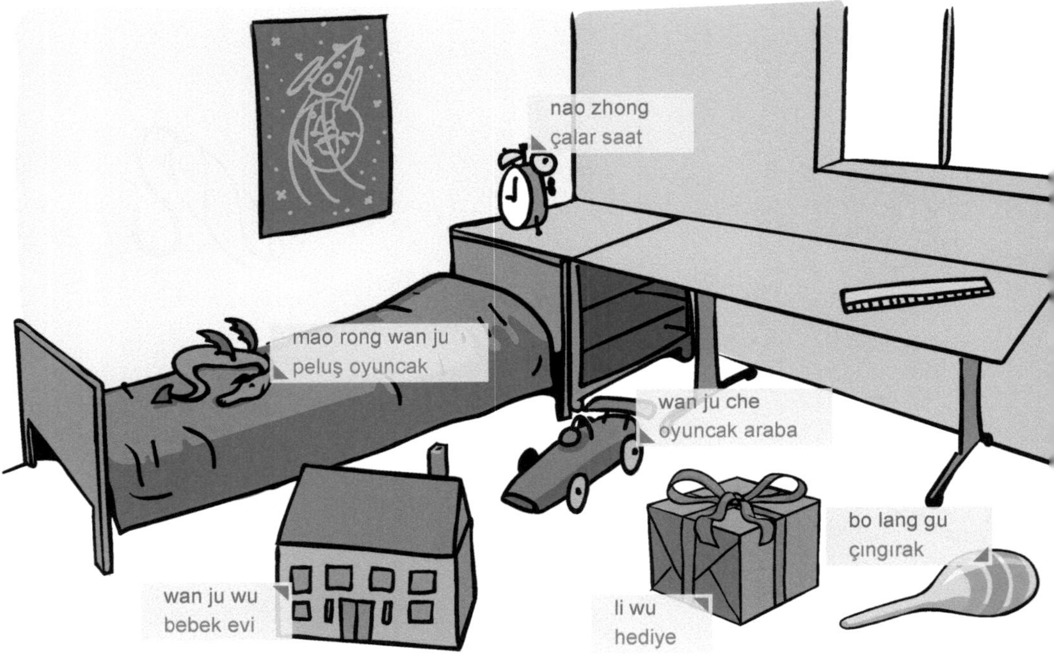
nao zhong
çalar saat
mao rong wan ju
peluş oyuncak
wan ju che
oyuncak araba
bo lang gu
çıngırak
wan ju wu
bebek evi
li wu
hediye

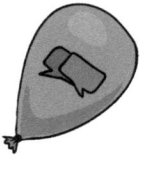

qi qiu
balon

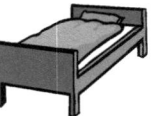

chuang
yatak

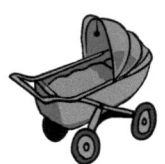

(yang wa wa yong)ying er che
bebek arabası

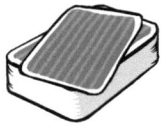

pu ke pai
kart destesi

pin tu
yapboz

SUPER
MEGA

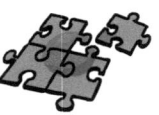

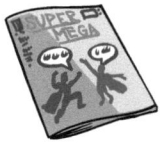

man hua
çizgi roman

le gao ji mu

lego tuğlaları

ji mu wan ju

lego blokları

wan ju ren

aksiyon figürü

ying er fu

zıbın

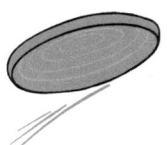

fei pan

frizbi

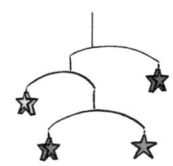

chuang ling wan ju

dönence

qi pan you xi

masa oyunu

shai zi

zar

huo che mo xing

model tren seti

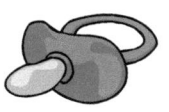

an fu nai zui

emzik

ju hui

parti

hui ben

resimli kitap

qiu

top

yang wa wa

oyuncak bebek

wan

oynamak

sha keng

kum havuzu

qiu qian

salıncak

wan ju

oyuncaklar

you xi ji

video oyun konsolu

san lun che

üç tekerlekli bisiklet

tai di xiong

oyuncak ayı

yi chu

gardırop

yi fu
kıyafet

wa zi

çorap

chang wa

külotlu çorap

jin shen ku

tayt

wei jin
eşarp

yu san
şemsiye

T xu
tişört

pi dai
kemer

xue zi
bot

tuo xie
terlik

yun dong xie
spor ayakkabı

liang xie
....
sandalet

xie
....
ayakkabı

yu xue
....
lastik çizme

nei ku
....
külot

xiong zhao
....
sütyen

bei xin
....
yelek

yi fu - kıyafet

shen ti

dar bluz

ku zi

pantolon

niu zai ku

kot pantolon

duan qun

etek

nü shi chen shan

bluz

chen shan

gömlek

tao tou shan

kazak

wei yi

süveter

xi zhuang jia ke

blazer

jia ke

ceket

wai tao

mont

yu yi

yağmurluk

tao zhuang

kostüm

lian yi qun

elbise

hun sha

gelinlik

xi zhuang

takım elbise

shui pao

gecelik

shui yi

pijama

sha li

sari

tou jin

baş örtüsü

bao tou jin

türban

bo ka

burka

ka fu tan

kaftan

(a la bo shi)chang pao

çarşaf

yong yi

mayo

nan shi yong ku

erkek mayosu

duan ku

şort

yun dong fu

eşofman

wei qun

önlük

shou tao

eldiven

niu kou

düğme

yan jing

gözlük

shou lian

bilezik

xiang lian

kolye

jie zhi

yüzük

er huan

küpe

bian mao

kep

yi jia

portmanto

mao zi

şapka

ling dai

kravat

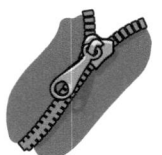

la lian

fermuar

tou kui

kask

bei dai

pantolon askısı

xiao fu

okul forması

zhi fu

üniforma

wei dou

mama önlüğü

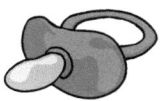

an fu nai zui

emzik

niao bu shi

bebek bezi

ban gong shi
ofis

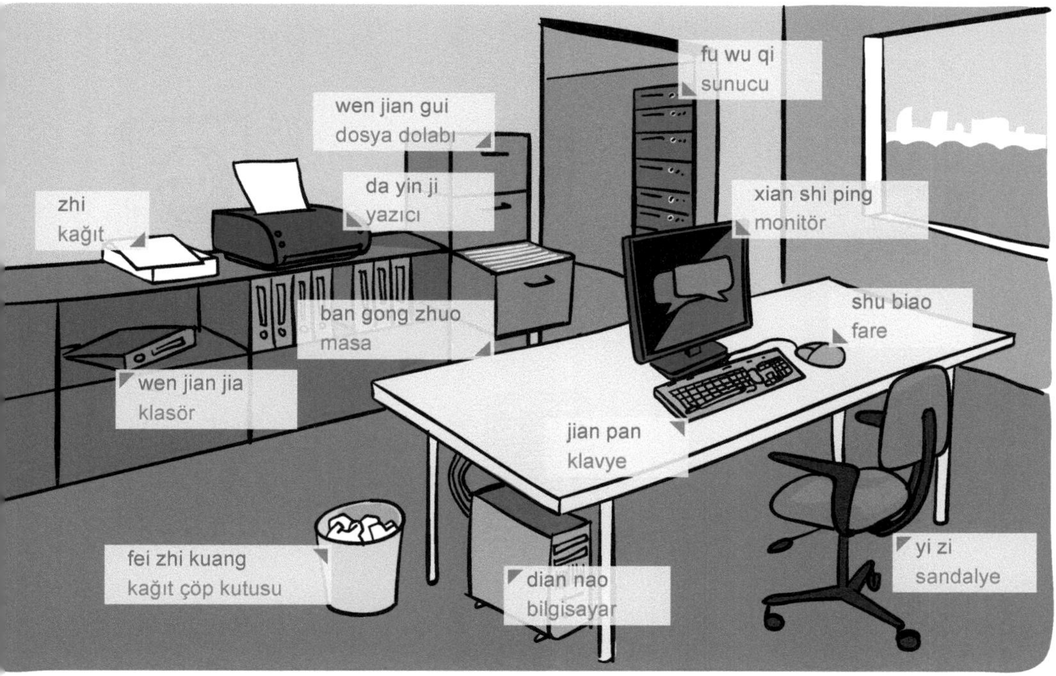

fu wu qi
sunucu

wen jian gui
dosya dolabı

da yin ji
yazıcı

zhi
kağıt

xian shi ping
monitör

ban gong zhuo
masa

shu biao
fare

wen jian jia
klasör

jian pan
klavye

fei zhi kuang
kağıt çöp kutusu

yi zi
sandalye

dian nao
bilgisayar

ka fei bei

kahve fincanı

ji suan qi

hesap makinesi

yin te wang

internet

bi ji ben dian nao

dizüstü

xin jian

mektup

xiao xi

mesaj

shou ji

cep telefonu

wang luo

ağ

fu yin ji

fotokopi makinesi

ruan jian

yazılım

dian hua

telefon

cha zuo

priz

chuan zhen ji

faks makinesi

biao ge

form

wen jian

belge

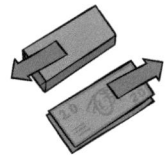

mai

satın almak

fu qian

ödemek

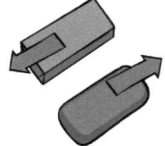

jiao yi

ticaret yapmak

xian jin

para

mei yuan

dolar

ou yuan

avro

ri yuan

yen

lu bu

ruble

rui shi fa lang

İsviçre frangı

ren min bi

Çin yuanı

lu bi

rupi

ti kuan chu

kasa

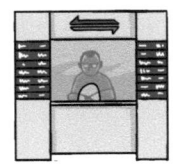

wai bi dui huan chu

döviz bürosu

jin

altın

yin

gümüş

shi you

petrol

neng yuan

enerji

jia ge

fiyat

he tong

kontrat

shui jin

vergi

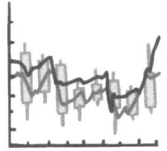

gu piao

menkul değer

gong zuo

çalışmak

zhi yuan

işveren

lao ban

işçi

gong chang

fabrika

shang dian

mağaza

jing guan
polis memuru

xiao fang yuan
itfaiyeci

chu shi
aşçı

yi sheng
doktor

fei xing yuan
pilot

yuan ding

bahçıvan

mu jiang

marangoz

cai feng

terzi

fa guan

hakim

hua xue jia

kimyager

yan yuan

aktör

gong jiao che si ji

otobüs şoförü

chu zu che si ji

taksi şoförü

yu fu

balıkçı

qing jie nü gong

temizlikçi

wu ding gong

çatı ustası

fu wu yuan

garson

lie ren

avcı

hua jia

boyacı

mian bao shi

fırıncı

dian gong

elektrikçi

jian zhu gong ren

inşaatçı

gong cheng shi

mühendis

tu fu

kasap

shui guan gong

muslukçu

you di yuan

postacı

shi bing

asker

jian zhu shi

mimar

shou yin yuan

kasiyer

hua nong

çiçekçi

li fa shi

kuaför

shou piao yuan

kondüktör

ji xie shi

tamirci

chuan zhang

kaptan

ya yi

dişçi

ke xue jia

bilim insanı

la bi

haham

yi ma mu

imam

he shang

keşiş

mu shi

rahip

gong ju
aletler

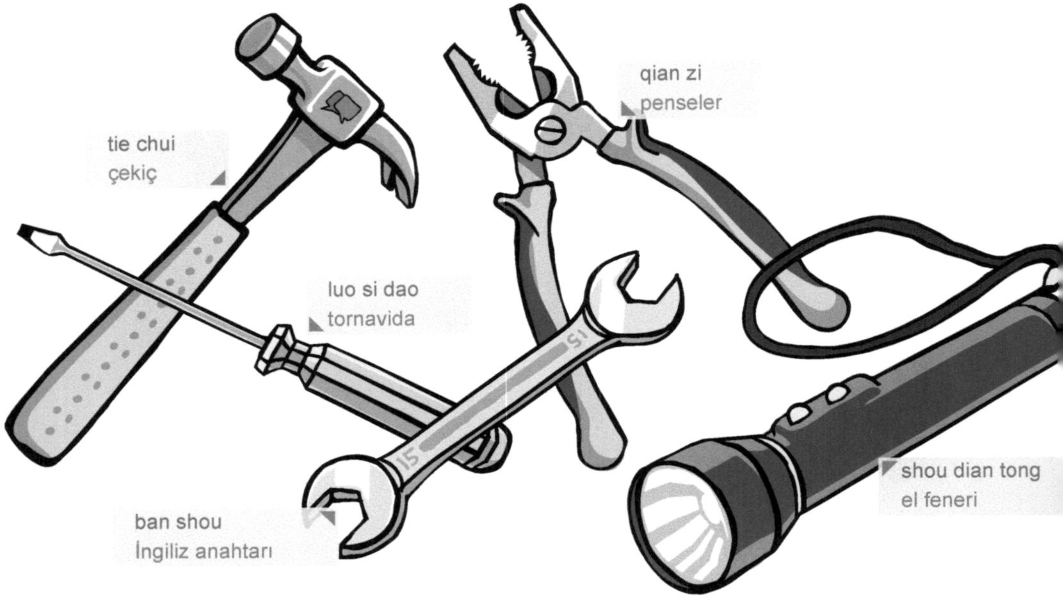

tie chui
çekiç
qian zi
penseler
luo si dao
tornavida
ban shou
İngiliz anahtarı
shou dian tong
el feneri

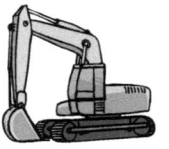

wa jue ji

kazı makinesi

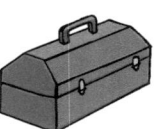

gong ju xiang

alet çantası

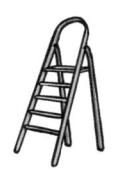

ti zi

merdiven

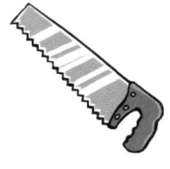

ju zi

testere

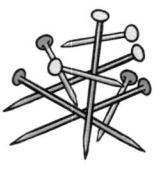

ding zi

çiviler

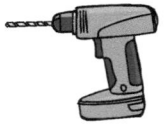

zuan ji

matkap

xiu

tamir etmek

chan zi

kürek

kao!

Kahretsin!

bo ji

faraş

you qi tong

boya tenekesi

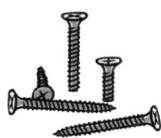

luo si

vidalar

yue qi
müzik enstrümanı

yang sheng qi
hoparlör

da ji yue qi
bateri seti

ji ta
gitar

di yin ti qin
kontrbas

xiao hao
trompet

gang qin

piyano

xiao ti qin

keman

bei si

basgitar

ding yin gu

timpani

gu

bateri

dian zi qin

klavye

sa ke si guan

saksafon

chang di

flüt

mai ke feng

mikrofon

zoo

ru kou
giriş

lao hu
kaplan

long zi
kafes

ban ma
zebra

dong wu si liao
hayvan yemi

xiong mao
panda

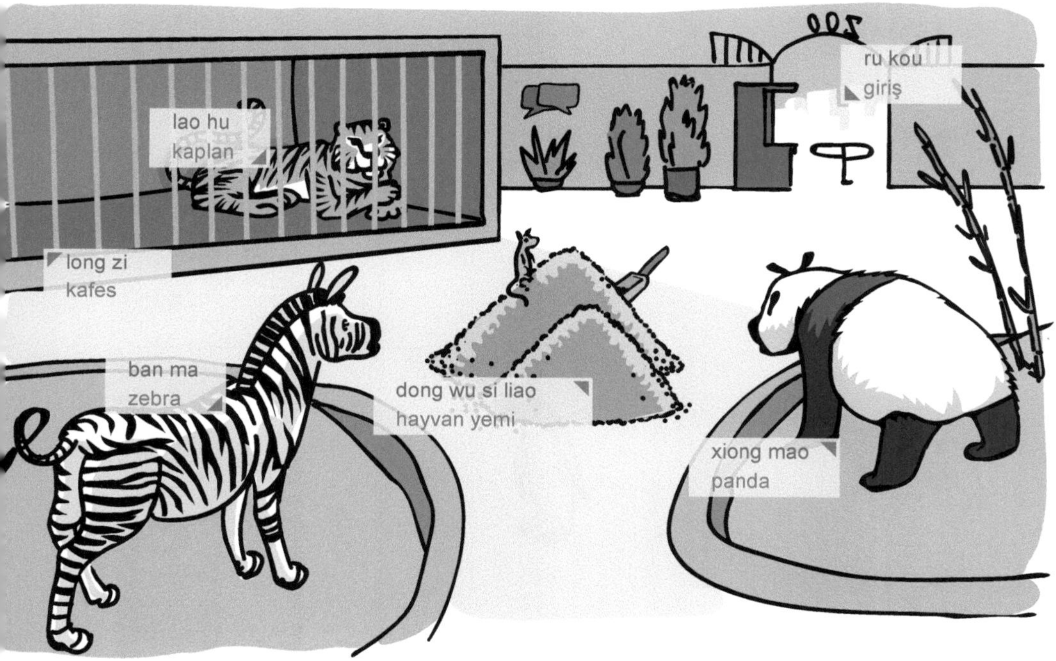

dong wu
....
hayvanlar

da xiang
....
fil

dai shu
....
kanguru

xi niu
....
gergedan

da xing xing
....
goril

xiong
....
ayı

luo tuo

deve

tuo niao

deve kuşu

shi zi

aslan

hou zi

maymun

huo lie niao

flamingo

ying wu

papağan

bei ji xiong

kutup ayısı

qi e

penguen

sha yu

köpek balığı

kong que

tavus kuşu

she

yılan

e yu

timsah

dong wu yuan guan li yuan

hayvanat bahçesi görevlisi

hai bao

fok

mei zhou bao

jaguar

ai zhong ma

midilli atı

bao

leopar

he ma

su aygırı

chang jing lu

zürafa

lao ying

kartal

ye zhu

yaban domuzu

yu

balık

gui

kaplumbağa

hai xiang

mors

hu li

tilki

ling yang

ceylan

gan lan qiu
amerikan futbolu

qi zi xing che
bisiklete binme

wang qiu
tenis

lan qiu
basketbol

you yong
yüzme

quan ji
boks

bing qiu
buz hokeyi

ying shi zu qiu

futbol

yu mao qiu

badminton

tian jing

atletizm

shou qiu

hentbol

hua xue

kayak

ma qiu

polo

tiao
atlamak

yong bao
sarılmak

xiao
gülmek

zou lu
yürümek

chang
söylemek

zuo meng
hayal etmek

qi dao
dua etmek

qin wen
öpmek

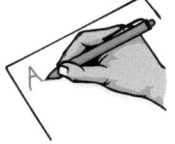

shu xie

yazmak

hua

çizmek

zhan shi

göstermek

tui

itmek

gei

vermek

na

almak

you
....
sahip olmak

zuo
....
yapmak

dang
....
olmak

zhan
....
ayakta durmak

pao
....
koşmak

la
....
çekmek

reng
....
atmak

shuai dao
....
düşmek

tang
....
yalan söylemek

deng dai
....
beklemek

xie dai
....
taşımak

zuo
....
oturmak

chuan yi
....
giyinmek

shui jiao
....
uyumak

xing lai
....
uyanmak

kan

bakmak

ku

ağlamak

fu mo

vurmak

shu tou

taramak

jiao tan

konuşmak

ming bai

anlamak

wen

sormak

ting

dinlemek

he

içmek

chi

yemek

qing li

düzenlemek

ai

sevmek

zuo fan

pişirmek

kai che

sürmek

fei

uçmak

hang xing

denize açılmak

ji suan

hesapla

du

okumak

xue xi

öğrenmek

gong zuo

çalışmak

jie hun

evlenmek

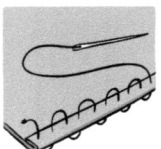

feng

dikmek

shua ya

diş fırçalamak

sha

öldürmek

chou yan

sigara içmek

ji

yollamak

jia
aile

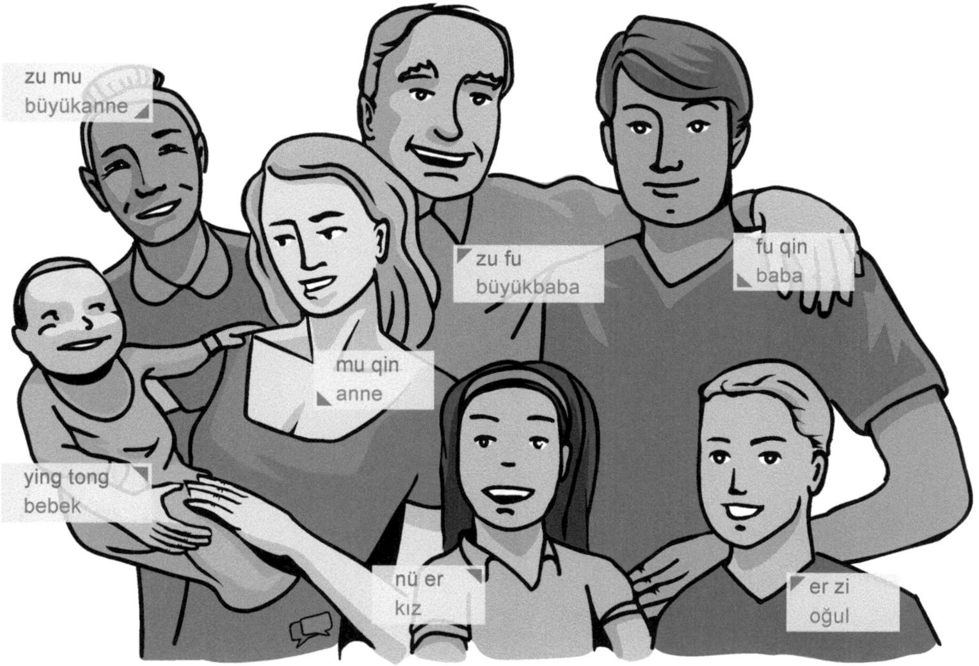

zu mu
büyükanne
zu fu
büyükbaba
fu qin
baba
mu qin
anne
ying tong
bebek
nü er
kız
er zi
oğul

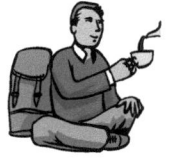

ke ren

misafir

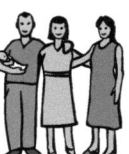

a yi

teyze

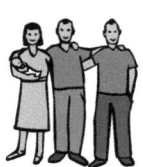

shu shu

amca

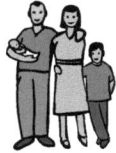

xiong di

erkek kardeş

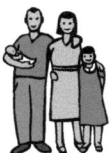

jie mei

kız kardeş

shen ti
vücut

qian e
alın
yan jing
göz
lian
yüz
xia ba
çene
ru fang
göğüs
shou zhi
parmak
shou
el
shou bi
kol
jian bang
omuz
tui
bacak

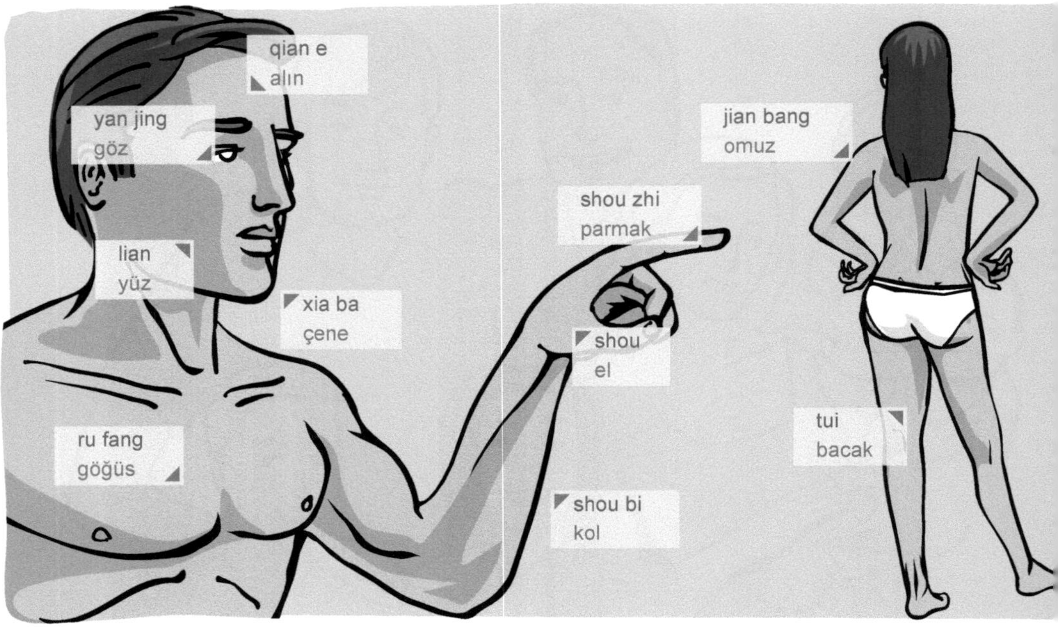

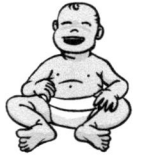

ying tong
bebek

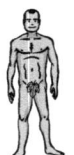

nan ren
adam

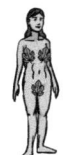

nü ren
kadın

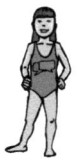

nü hai
kız

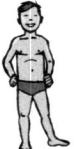

nan hai
erkek çocuk

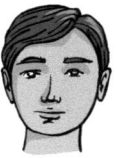

tou
baş

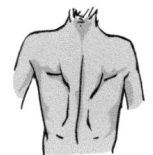

bei bu

sırt

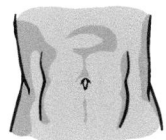

du zi

karın

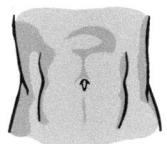

du qi

göbek

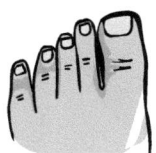

jiao zhi

ayak parmağı

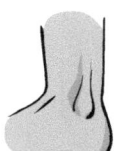

jiao hou gen

topuk

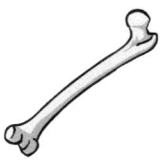

gu tou

kemik

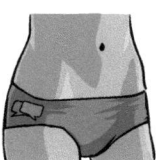

tun bu

kalça

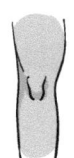

xi gai

diz

shou zhou

dirsek

bi zi

burun

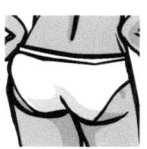

pi gu

kalça

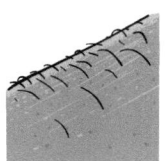

pi fu

deri

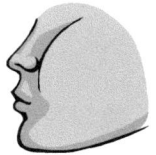

lian jia

yanak

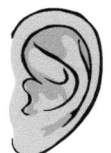

er duo

kulak

zui chun

dudak

zui

ağız

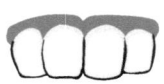

ya chi

diş

she tou

dil

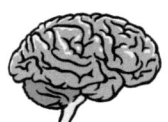

nao

beyin

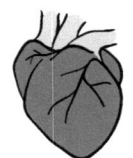

xin zang

kalp

ji rou

kas

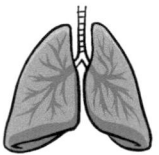

fei

akciğer

gan zang

karaciğer

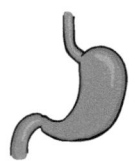

wei

mide

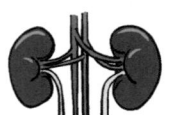

shen zang

böbrekler

xing jiao

seks

bi yun tao

prezervatif

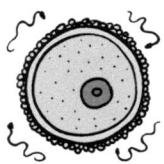

luan zi

yumurtalık

jing zi

sperm

huai yun

hamilelik

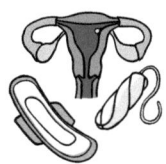

yue jing
....
regl

yin dao
....
vajina

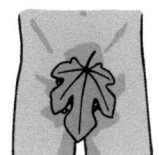

yin jing
....
penis

mei mao
....
kaş

tou fa
....
saç

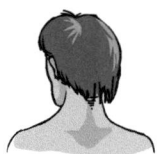

bo zi
....
boyun

shen ti - vücut

yi yuan
hastane

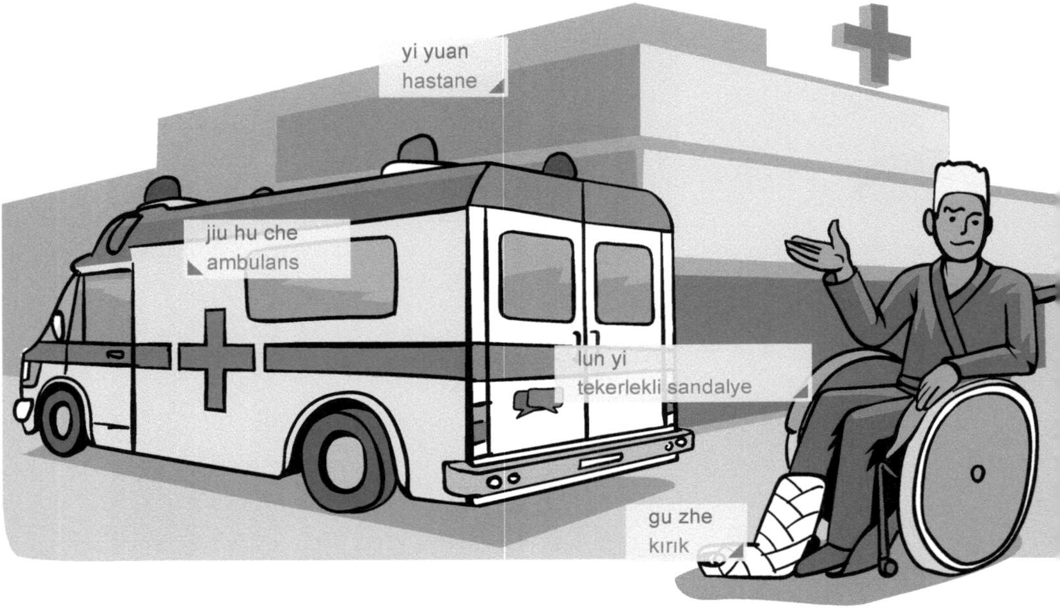

yi yuan
hastane
jiu hu che
ambulans
lun yi
tekerlekli sandalye
gu zhe
kırık

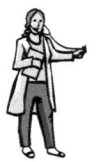

yi sheng

doktor

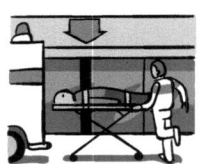

ji zhen shi

acil servis

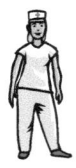

hu shi

hemşire

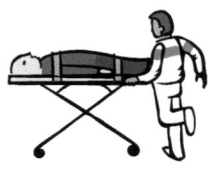

jin ji qing kuang

acil

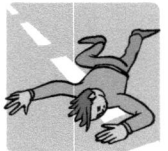

hun mi

baygın

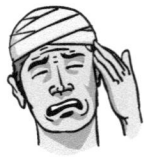

tong

acı

shou shang

yaralanma

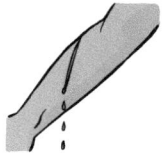

chu xue

kanama

xin zang bing fa zuo

kalp krizi

zhong feng

felç

guo min

alerji

ke sou

öksürük

fa shao

ateş

liu gan

grip

fu xie

ishal

tou tong

baş ağrısı

ai zheng

kanser

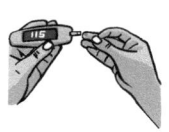

tang niao bing

şeker hastalığı

wai ke yi sheng

cerrah

shou shu dao

neşter

shou shu

operasyon

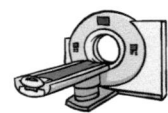

CT

bilgisayarlı tomografi

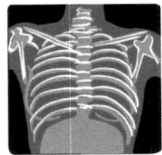

X guang

röntgen

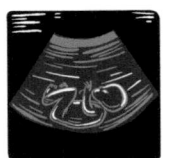

chao sheng bo

ultrason

kou zhao

yüz maskesi

ji bing

hastalık

hou zhen shi

bekleme odası

guai zhang

koltuk değneği

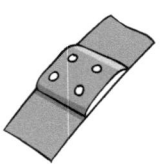

shi gao

yara bandı

beng dai

bandaj

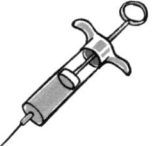

zhu she

enjeksiyon

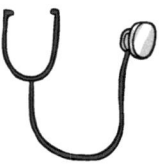

ting zhen qi

steteskop

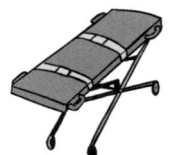

dan jia

sedye

ti wen ji

tıbbi termometre

chu sheng

doğum

chao zhong

fazla kilo

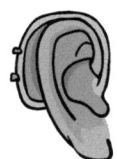

zhu ting qi

işitme cihazı

xiao du ye

dezenfektan

gan ran

enfeksiyon

bing du

virüs

ai zi bing

HIV / AIDS

yao wu

ilaç

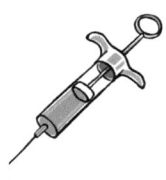

jie zhong yi miao

aşı

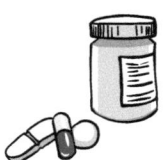

yao pian

tablet

yao wan

hap

ji jiu dian hua

acil çağrı

xue ya ji

tansiyon aleti

sheng bing/jian kang

hasta / sağlıklı

jiu ming!

İmdat!

jing bao

alarm

tu ji

darp

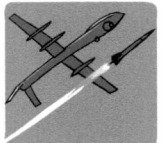

gong ji

saldırı

wei xian

tehlike

jin ji chu kou

acil çıkış

zhao huo la!

Yangın!

mie huo qi

yangın tüpü

yi wai

kaza

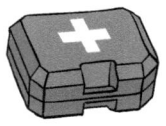

ji jiu xiang

ilk yardım çantası

hu jiu xin hao

imdat

jing cha

polis

ou zhou

Avrupa

bei mei zhou

Kuzey Amerika

nan mei zhou

Güney amerika

fei zhou

Afrika

ya zhou

Asya

ao zhou

Avustralya

da xi yang

Atlantik

tai ping yang

Pasifik

yin du yang

Hint Okyanusu

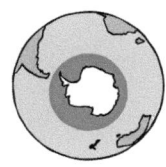

nan bing yang

Antarktika Okyanusu

bei bing yang

Arktik Okyanusu

bei ji

Kuzey Kutbu

nan ji

Güney Kutbu

nan ji zhou

Antarktika

di qiu

dünya

lu di

kara

hai

deniz

dao

ada

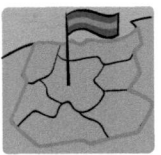

guo jia

ulus

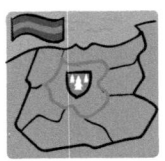

guo jia

ülke

zhong mian

kadran

shi zhen

akrep

fen zhen

yelkovan

miao zhen

saniye ibresi

xian zai ji dian?

Saat kaç?

tian

gün

shi jian

zaman

xian zai

şimdi

dian zi biao

dijital saat

fen

dakika

shi

saat

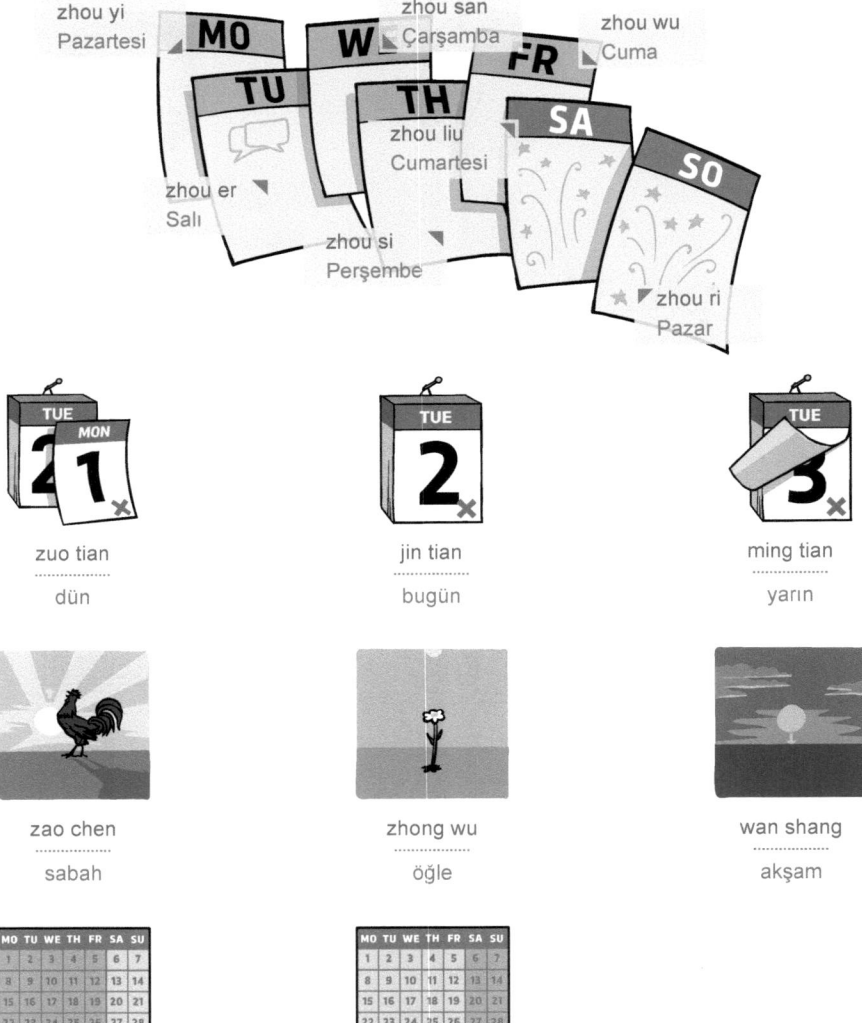

zhou yi
Pazartesi

zhou san
Çarşamba

zhou wu
Cuma

zhou er
Salı

zhou liu
Cumartesi

zhou si
Perşembe

zhou ri
Pazar

zuo tian
dün

jin tian
bugün

ming tian
yarın

zao chen
sabah

zhong wu
öğle

wan shang
akşam

gong zuo ri
iş günleri

zhou mo
hafta sonu

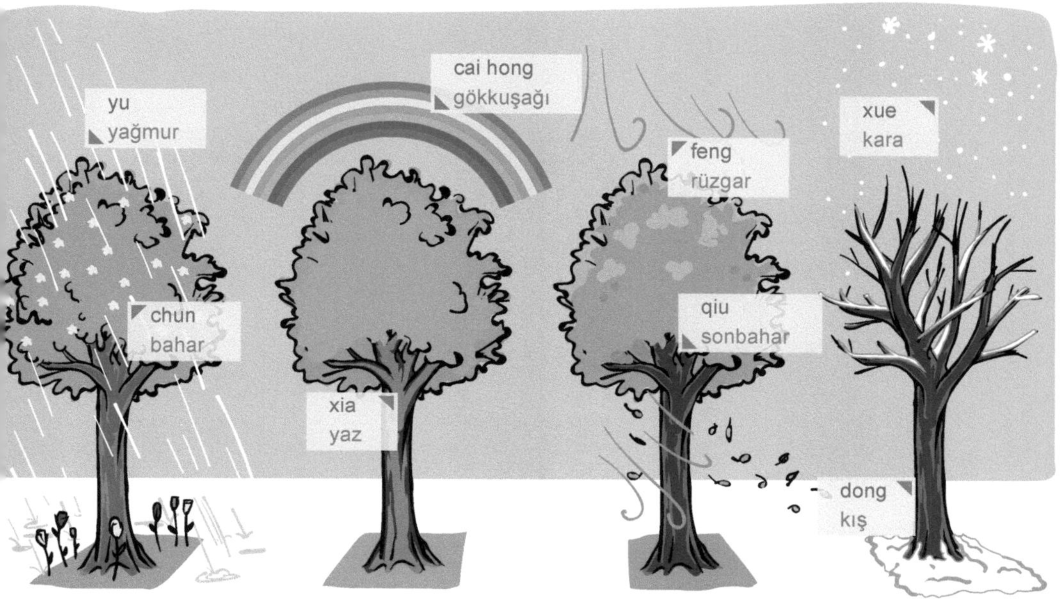

cai hong
gökkuşağı
yu
yağmur
xue
kara
feng
rüzgar
chun
bahar
qiu
sonbahar
xia
yaz
dong
kış

4.APRIL 11°
5.APRIL 4°
6.APRIL 13°
7.APRIL 8°
8.APRIL 10°

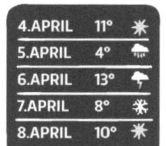

tian qi yu bao

hava durumu tahmini

F C
120 90 60 30 0 -30
40 30 20 10 0 -10 -20

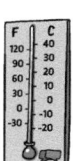

wen du ji

termometre

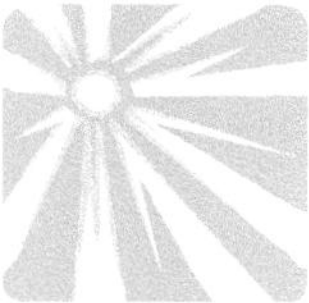

yang guang

güneş ışığı

yun

bulut

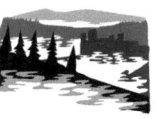

wu

sis

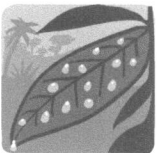

chao shi

nem

shan dian

şimşek

da lei

gök gürültüsü

feng bao

fırtına

bing bao

dolu

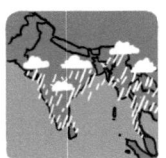

ji feng

muson

hong shui

sel

bing

buz

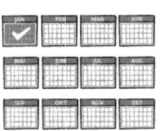

yi yue

Ocak

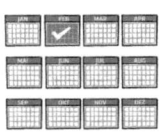

er yue

Şubat

san yue

Mart

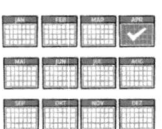

si yue

Nisan

wu yue

Mayıs

liu yue

Haziran

qi yue

Temmuz

ba yue

Ağustos

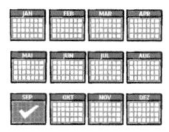

jiu yue

Eylül

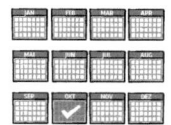

shi yue

Ekim

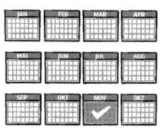

shi yi yue

Kasım

shi er yue

Aralık

yuan xing

daire

zheng fang xing

kare

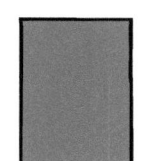

chang fang xing

dikdörtgen

san jiao xing

üçgen

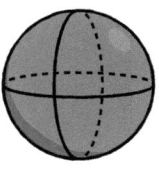

qiu ti

küre

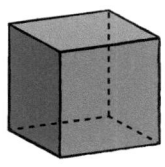

li fang ti

küp

bai
....
beyaz

huang
....
sarı

cheng
....
turuncu

fen
....
pembe

hong
....
kırmızı

zi
....
mor

lan
....
mavi

lü
....
yeşil

zong
....
kahverengi

hui
....
gri

hei
....
siyah

hen duo/shao xu

çok / az

sheng qi/ping jing

kızgın / sakin

mei/chou

güzel / çirkin

shou/wei

başlangıç / son

da/xiao

büyük / küçük

ming/an

parlak / karanlık

xiong di/jie mei

erkek kardeş / kız kardeş

gan jing/ang zang

temiz / kirli

wan zheng/que shi

tamam / eksik

bai tian/wan shang

gün / gece

si/sheng

ölü / canlı

kuan/zhai

geniş / dar

ke shi yong/fei shi yong

yenilebilir / yenilemez

xie e/shan liang

kötü / iyi

xing fen/wu liao

heyecanlı / sıkılmış

pang/shou

şişman / zayıf

di yi/zui hou

ilk / son

peng you/di ren

dost / düşman

man/kong

dolu / boş

ying/ruan

sert / yumuşak

zhong/qing

ağır / hafif

e/ke

açlık / susuzluk

sheng bing/jian kang

hasta / sağlıklı

fei fa/he fa

yasa dışı / yasal

cong ming/yu ben

zeki / aptal

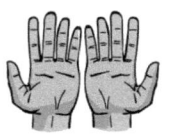

zuo/you

sol / sağ

jin/yuan

yakın / uzak

xin/jiu

yeni / kullanılmış

mei you/you xie

hiçbir şey / bir şey

lao/you

yaşlı / genç

kai/guan

açma / kapama

da kai/he shang

açık / kapalı

an jing/chao nao

sessiz / gürültülü

fu/qiong

zengin / fakir

dui/cuo

doğru / yanlış

cu cao/guang hua

pürüzlü / düz

shang xin/gao xing

üzgün / mutlu

duan/chang

kısa / uzun

man/kuai

yavaş / hızlı

shi/gan

ıslak / kuru

wen nuan/liang shuang

sıcak / serin

zhan zheng/he ping

savaş / barış

sayılar

0	**1**	**2**
ling	yi	er
sıfır	bir	iki
3	**4**	**5**
san	si	wu
üç	dört	beş
6	**7**	**8**
liu	qi	ba
altı	yedi	sekiz
9	**10**	**11**
jiu	shi	shi yi
dokuz	on	on bir

12

shi er

on iki

13

shi san

on üç

14

shi si

on dört

15

shi wu

on beş

16

shi liu

on altı

17

shi qi

on yedi

18

shi ba

on sekiz

19

shi jiu

on dokuz

20

er shi

yirmi

100

bai

yüz

1.000

qian

bin

1.000.000

bai wan

milyon

ying yu

İngilizce

mei shi ying yu

Amerikan İngilizcesi

pu tong hua

Çince (Mandarin)

yin di yu

Hintçe

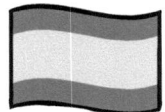

xi ban ya yu

İspanyolca

fa yu

Fransızca

a la bo yu

Arapça

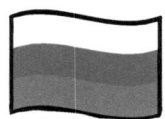

e yu

Rusça

pu tao ya yu

Portekizce

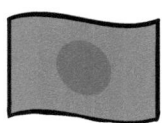

feng jia la yu

Bengalce

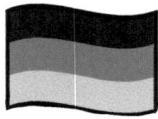

de yu

Almanca

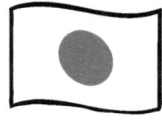

ri yu

Japonca

wo

ben

ni

sen

ta/ta/ta

o

wo men

biz

ni men

siz

ta men

onlar

shei?

kim?

shen me?

ne?

zen yang?

nasıl?

na li?

nerede?

shen me shi hou?

ne zaman?

ming zi

isim

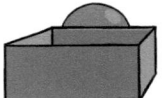

hou mian

arkasında

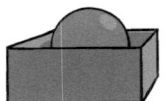

li mian

içinde

qian mian

önünde

shang fang

üzerinde

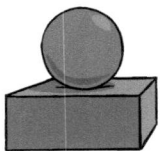

shang mian

üstünde

xia mian

altında

pang bian

yanında

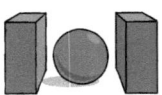

zhong jian

arasında

di dian

yer